Manifesto do Partido da Realização da Felicidade

Manifesto do Partido da Realização da Felicidade

Um Projeto para o Futuro de uma Nação

Ryuho Okawa

IRH Press do Brasil

Copyright © 2014 Ryuho Okawa
Título do original em inglês: *Manifesto of the Happiness Realization Party*

Tradução para o português: Luis Reyes Gil
Cotejo com o original em japonês: IRH Press do Brasil
Revisão: Francisco José M. Couto
Diagramação: José Rodolfo Arantes
Capa: Maurício Geurgas
Imagem de capa: Shutterstock

IRH Press do Brasil Editora Limitada
Rua Domingos de Morais, 1154, 1º andar, sala 101
Vila Mariana, São Paulo – SP – Brasil, CEP 04010-100

Nenhuma parte desta publicação poderá ser reproduzida, copiada, armazenada em sistema digital ou transferida por qualquer meio, eletrônico, mecânico, fotocópia, gravação ou quaisquer outros, sem que haja permissão por escrito emitida pela Happy Science – Ciência da Felicidade do Brasil.

1ª edição
ISBN: 978-85-64658-13-4
Impressão: Paym Gráfica e Editora Ltda.

Sumário

Capítulo Um
O desejo de construir a Utopia, o Reino Búdico na Terra 7

Não podemos cumprir nossas responsabilidades apenas com propostas indiretas 9

Chegou a hora de termos uma organização política que realize a felicidade 12

Buscando o oposto do *Manifesto Comunista* de Marx 15

O Japão precisa de um partido religioso com visão ampla e tolerante 17

Queremos crescer como partido do povo, amplo e aberto 20

Capítulo Dois
Uma Constituição digna do Japão de hoje 23

Capítulo Três
Problemas do Preâmbulo da Constituição 29

O Preâmbulo da Constituição do Japão está redigido num japonês horrível 31

Os diversos problemas do Preâmbulo da Constituição 33

A Segunda Guerra Mundial não foi apenas "democracia *versus* fascismo" 38

Capítulo Quatro
Problemas com o regime imperial 43

Não há inconveniente em preservar o regime imperial como símbolo cultural e histórico 45

Para os países estrangeiros não está claro quem é o chefe de Estado 48

Capítulo Cinco
Problemas com o Artigo 9 da Constituição 53

O Artigo 9 da Constituição está cheio de mentiras 55

Vamos parar de reinterpretar a Constituição e prover uma base para as Forças de Autodefesa 58

Capítulo Seis
Problemas relativos à "liberdade religiosa" 61

O Artigo 20 estimula a perseguição religiosa 63

O Artigo 89 obriga e impõe desnecessariamente regras sobre o escopo da religião 66

Capítulo Sete
Cumpramos a função de salvar o mundo da corrupção e da degradação 71

Capítulo Oito
Religião e política devem se complementar 77

Sobre o Autor 81
Sobre a Happy Science 83
Contatos 86
Outros livros de Ryuho Okawa 89

Capítulo Um

O desejo de construir a Utopia, o Reino Búdico na Terra

O desejo de construir a Utopia, o Reino Búdico na Terra

Não podemos cumprir nossas responsabilidades apenas com propostas indiretas

Gostaria de falar sobre o "Manifesto do Partido da Realização da Felicidade".

Estou pensando em fundar o Partido da Realização da Felicidade, no sentido estrito da palavra.

A Happy Science vem desenvolvendo uma série de atividades, inclusive apresentando propostas para a sociedade. Nesse processo, já propusemos várias medidas concretas aos políticos e certamente continuaremos a fazê-lo no futuro também, mas sempre de forma indireta.

Porém, em termos dos quatro ensinamentos fundamentais da Happy Science – amor, conhecimento, reflexão e desenvolvimento –, os do desenvolvimento claramente abrangem o objetivo de construir a utopia, Reino Búdico na Terra. Vejam bem, trata-se de "construir a utopia, Reino Búdico *na Terra*" e não de "construir a utopia, Reino Búdico *no Céu*".

Uma vez que estamos falando em utopia na Terra, esperamos ações efetivas e ativas. Só estávamos aguardando o seu momento chegar, pois muitas delas requerem certo grau de força social para sua realização.

Até então, vimos elaborando e acumulando os ensinamentos e, vez ou outra, implantando topicamente ações políticas concretas. Contudo, atualmente, a Happy Science está se transformando numa instituição religiosa representativa do Japão. Não podemos continuar sendo vistos como alguém que fica se escondendo e manipulando o cenário nos bastidores.

Uma vez que são ações corretas, devemos expor nossas ideias e opiniões de maneira aberta e franca, e levar adiante o nosso trabalho. Precisamos usar a criatividade para podermos concretizar efetivamente neste mundo as nossas ideias, crenças e ideologias.

Há muitas coisas que podemos realizar de modo indireto, mas esse é um caminho muito tortuoso e demorado, além de exigir concessões. Por isso, acredito que está na hora de contar com uma organização capaz de transmitir diretamente as mensagens e agir efetivamente em prol do movimento de construção da Utopia, Reino Búdico na Terra.

Por exemplo, podemos evidentemente anunciar, no âmbito da religião, que "a educação nas escolas deve ser assim!". No entanto, mesmo que numa fase inicial fiquemos satisifeitos com isso, na medida em que as ideias vão se consolidando, ficaremos com vontade de implantar efetivamente a educação que incorpora os conceitos religiosos.

Assim, a Happy Science passou a sentir necessidade de ter instituições educativas, e atualmente estamos engajados em criar escolas e atuar de fato na atividade educacional, tendo a religião como espinha dorsal.

Como podemos ver na revista *The Liberty* (IRH Press Co., Ltd.), a Happy Science tem sido ousada para uma organização religiosa, anunciando opiniões na política, economia e relações internacionais. Temos orgulho de lançar conceitos e opiniões que ultrapassem os limites de um político ou de um comentarista. Por outro lado, temos sérias dúvidas se cumpriremos as nossas responsabilidades apenas falando como se os problemas fossem alheios.

Algumas recomendações sobre educação podem ser feitas por pessoas de fora – por exemplo, "o bullying é uma coisa ruim" e "educação sem a Verdade de Deus não serve". Mas, na realidade, é impossível para quem está de fora interferir nas escolas. As escolas têm uma postura de "preservar a liberdade acadêmica e evitar pressões externas", porém, se o bullying e o mau comportamento estão se proliferando, temos de realizar na prática uma educação que incorpore conceitos religiosos.

Ao mesmo tempo, temos de atuar inclusive na política, uma vez que há um objetivo em comum, entre a política e a religião, a de proporcionar felicidade ao povo.

Chegou a hora de termos uma organização política que realize a felicidade

Como podemos ver pelo nome – "Happy Science" –, a nossa instituição deseja intensamente "realizar a felicidade". Conforme viemos anunciando desde o início, há mais de vinte anos, essa é "a felicidade que permeia este e o outro mundo".

O desejo de construir a Utopia, o Reino Búdico na Terra

O budismo Jodo-Shinshu fala de "um sincero desejo de renascer na Terra Pura", e de "ser feliz no outro mundo, pois o mundo terreno é impuro". Porém, nós não almejamos um movimento político que incite o levante revolucionário como fez aquela seita, sacrificando a felicidade deste mundo.

Uma vez que pregamos "a felicidade que permeia este e o outro mundo", o nosso desejo é criar um mundo onde as pessoas que aprendem e praticam a Verdade possam brilhar também neste mundo. Creio que é chegado o momento em que se faz necessária uma organização política que sirva como uma grandiosa ferramenta de sua realização.

De certo modo, por ter a tendência de ser cauteloso, demorei em fundar a organização política, embora sempre emitisse opiniões diversas sobre o tema. O presente ano é também o da publicação de *As Leis da Coragem* (pela IRH Press Co., Ltd.), então acredito que "chegou a hora da decisão".

Como consequência, imagino que teremos pela frente muitas turbulências. Mas, por outro lado, quando olhamos para o mundo, vemos as pessoas insatisfeitas tanto com o Partido Liberal como com o Partido Democrata do Japão, e sentimos que estão confusas e não sabem para onde devem se voltar em sua procura de uma política verdadeira. O Novo Komeito, considerado como um partido moderado do centro, está longe de se mostrar atraente para essas pessoas. Os vários partidos de esquerda são bem pouco realistas, e não acho que consigam chegar ao poder. Mesmo que os diversos partidos de oposição formem uma coalizão e derrotem o Partido Liberal Democrata, irão compor uma colcha de retalhos e dificilmente conseguirão implantar políticas corretas.

Num cenário como esse, e com base no histórico da Happy Science de fazer inúmeras recomendações de medidas políticas, acredito que está na hora de criarmos uma nova organização política que tenha como fundamento as ideias da Happy Science.

O desejo de construir a Utopia, o Reino Búdico na Terra

Buscando o oposto do *Manifesto Comunista* de Marx

Dei a este livro o título *Manifesto do Partido da Realização da Felicidade* a fim de confrontá-lo com o *Manifesto Comunista*, publicado por Karl Marx em 1848.

Como consequência do *Manifesto Comunista*, a humanidade sofreu por mais de 150 anos. Afinal, ele levou a um experimento civilizatório que deu origem a nações materialistas. Agora, o "Manifesto do Partido da Realização da Felicidade" tem como meta conseguir o oposto disso.

No "Manifesto do Partido da Realização da Felicidade" declaramos: "Devemos mobilizar o potencial das pessoas que reconhecem a existência de Deus e de Buda, além de acreditar na Verdade, e trabalhar no sentido de construir uma Utopia mundial de fato. Devemos fazer do Japão o ponto de partida de nossas atividades políticas, e causar impacto nas pessoas do mundo todo. Pretendemos promover uma revolução global simultânea, no sentido correto". É isso o que quero dizer quando falo em "ter como meta conseguir o oposto de Marx". Iremos nos afastar de todas as forças políticas que trazem infelicidade à humanidade, confrontá-las, criar um terreno sólido para a verdade e, com base nessa Verdade, administrar o Estado e conduzir a política do país.

Temos a intenção de promover ações concretas, ou seja, queremos "assumir a responsabilidade pelos resultados das opiniões emitidas".

Com a proximidade da dissolução da Câmara dos Deputados, temos pouco tempo, mas gostaríamos de fundar um partido político. Existem, é claro, muitos legisladores ativos não só no Parlamento, mas também nas câmaras provinciais, e nossa intenção é ter participação em vários lugares e expandir nossa influência. Acredito que, a qualquer momento, naturalmente, o Partido da Realização da Felicidade poderá exercer a política da nação.

O Japão precisa de um partido religioso com visão ampla e tolerante

Hoje o Japão tem apenas um partido religioso, o Novo Komeito. No entanto, não acredito que o Novo Komeito tenha abertura suficiente para falar em nome de um partido religioso. O Novo Komeito é um partido criado por uma organização laica de uma das seitas do Budismo Nichiren que é o templo Taiseki-ji. O Budismo Nichiren é uma religião caracterizada por alto nível de exclusivismo, e por isso o Novo Komeito é também exclusivista por natureza. Não estou dizendo que ele não seja um partido religioso. Porém, pelo fato de esse partido ter um histórico demasiadamente exclusivista, penso que deveria existir um partido religioso de visão mais ampla e tolerante, um partido no qual as pessoas que acreditam em outras religiões e forças religiosas possam depositar sua confiança.

Obviamente, não há dúvida de que os seguidores da Happy Science serão o núcleo do Partido da Realização da Felicidade. No entanto, gostaria de reunir as forças de outras pessoas que simpatizam com a Verdade Búdica, ou que acreditam nos benefícios da religião.

Hoje, na área das religiões do Japão, o usual é que elas se envolvam em guerras entre si, usando a política para isso. Por exemplo, o Novo Komeito é apoiado pela Soka Gakkai. Se o Novo Komeito forma uma coalizão com o Partido Liberal Democrata, a Federação das Novas Religiões do Japão, oponente da Soka Gakkai e que congrega a Rischô Kosei Kai e as demais novas religiões, deixa de apoiar o Partido Democrata Liberal e passa para o lado do Partido Democrático do Japão. Assim, há muitas guerras por procuração em curso travadas por meio da política.

Mas essa é uma opção estéril demais. Uma vez que a política requer certa dose de racionalidade e coerência, as decisões devem ser tomadas em outras dimensões que não sejam a de se basear nas preferências religiosas ou no critério de considerar alguém aliado ou inimigo. Temos de realizar os deveres deste mundo. Estamos surgindo agora como o "terceiro polo", numa analogia ao *Registro dos Três Reinos*.

Nossa ideia básica não é promover uma revolução no sentido de destruir o mundo atual.

Queremos promover movimentos políticos que contenham uma revolução interna, no sentido de "desejar desenvolvimento e prosperidade, acumulando uma série de melhorias no regime". Depois, queremos exportar seus resultados ao resto do mundo.

Não queremos de forma alguma uma revolução que envolva violência ou massacre. Desde a Revolução Francesa, os movimentos revolucionários têm sido uma base essencial da moderna democracia. Nesses movimentos, muitos extermínios em massa foram praticados para expulsar as forças antigas, com uso de recursos como a guilhotina, entre outros. Foi o que aconteceu tanto na Revolução Francesa como na Revolução Russa. Eu mantenho distância disso, e sou crítico em relação às revoluções sangrentas. Acredito basicamente que é melhor mudar o mundo com uma revolução baseada nas ideias e opiniões de muitas pessoas.

Queremos crescer como partido do povo, amplo e aberto

O Partido da Realização da Felicidade talvez não seja uma grande força no início. Mas se continuarmos trabalhando de modo incansável por cinco, dez, vinte, trinta anos, iremos nos tornar uma grande força.

Esses esforços não serão voltados para os interesses específicos da Happy Science. Queremos fazer isso como parte de nossas atividades dirigidas às pessoas do mundo. Acredito que teremos um papel especial no mundo presente, em que há um grau tão elevado de descrença na política, e acho que acima de tudo é importante que a nossa ação seja corajosa.

Quando pensei em criar esse novo partido político, o primeiro nome que me veio à mente foi "Partido do Futuro Feliz", mas achei que isso sugeria que as pessoas deveriam fugir da realidade atual em nome de uma felicidade futura; portanto, decidi colocar o nome de "Partido da Realização da Felicidade." Esse nome transmite bem o conceito de que, se realizarmos a felicidade de fato, teremos alcançado o sucesso.

Assim, queremos criar um partido aberto, tendo por base a ideia de que as pessoas que querem ser felizes e querem trazer a felicidade para este mundo devem apoiar esse partido. A instituição religiosa Happy Science é uma agremiação de seguidores, e como seria de se esperar, esses seguidores serão o núcleo de apoiadores do Partido da Realização da Felicidade. Contudo, nossa intenção é desenvolver uma organização que receba o apoio também das pessoas que simpatizam com a nossa política básica ou a nossa maneira de pensar.

Nesse sentido, nosso partido terá um funcionamento de certo modo separado daquele da Happy Science. Na fase inicial da fundação, o partido poderá precisar da colaboração da instituição religiosa. No entanto, a força de atração vai começar a atuar em função de ideias e pensamentos alinhados, e o partido deverá se tornar autônomo e crescer grandemente como o partido do povo, onde os políticos filiados, que executam suas estratégias e ideias, passam a receber o apoio popular.

Queremos desenvolver um partido que satisfaça as pessoas que se desiludiram tanto com o Partido Liberal Democrata como com o Partido

Democrático, e desse modo melhorar a política nacional.

O objetivo que a Happy Science tem ao entrar na política é "concretizar a felicidade". Como mencionei no início, estamos "querendo realizar a utopia neste mundo" no sentido amplo.

Até agora, preguei muitos ensinamentos para edificar o pilar espiritual. Materializar isso será um trabalho árduo e exigirá força, e ao seguir adiante no nosso caminho queremos executar tudo isso de fato.

Portanto, com o "Manifesto do Partido da Realização da Felicidade", queremos fazer com que o *Manifesto Comunista* de Marx seja eternamente enterrado.

Capítulo Dois

Uma Constituição digna do Japão de hoje

Uma Constituição digna do Japão de hoje

A meu ver, existem alguns obstáculos a essas ideias na atual Constituição do Japão.

A minuta da Constituição japonesa foi preparada em cerca de uma semana por membros das forças americanas de ocupação, quando o Japão sofreu intervenção militar, após a derrota na Segunda Guerra Mundial, e não tinha soberania. Alguns retoques foram feitos após a tradução e pronto. Certos estudiosos participaram parcialmente da elaboração da minuta, mas havia também leigos. Trata-se de uma Constituição elaborada por estrangeiros quando o Japão estava sob ocupação americana, em meio ao caos.

Nem mesmo quem a elaborou imaginava que esta Constituição continuasse em vigor por mais de sessenta anos. Foi uma criação provisória, pois se achava que a nação se reergueria em dez anos e uma Constituição soberana seria reescrita. No entanto, ela permaneceu por mais de sessenta anos.

Isso se deu porque, desde a derrota na guerra, a religião foi enterrada e extinta da face visível da sociedade e, em troca, a Constituição passou a ser cultivada, ocupando o lugar da "imagem sagrada" ou do "dogma religioso".

De certo modo, isso resume bem a história do Japão no pós-guerra.

Assim, a Constituição japonesa passou a ser vista como um "sutra eterno", como um dogma fundamental que jamais poderá ser alterado. As pessoas acham que não se pode alterar uma só letra da Constituição, do mesmo modo que acreditam que as palavras de Jesus ou Buda nunca devem ser revisadas.

Porém, a Constituição do Japão não foi elaborada por pessoas muito qualificadas para isso. Foi redigida por um aglomerado de pessoas diversas, e está repleta de falhas no seu conteúdo. Há também muitas contradições.

Ela foi elaborada para o Japão de mais de sessenta anos atrás, uma nação derrotada. Fazendo uma analogia, seria como se fosse para a atual Coreia do Norte. Ou ainda, se a tropa de ocupação do Iraque, após a Guerra do Iraque, elaborasse a Constituição para aquela nação, seria algo parecido.

Portanto, é preciso mudar a Constituição pelas mãos dos próprios japoneses, de modo que seja uma Constituição ideal para a felicidade do seu povo. Algumas pessoas comentam que é difícil mudar a Constituição porque muitas das disposições constitucionais são cláusulas pétreas, mas isso não passa de uma desculpa. É simplesmente falta de coragem. Faltou coragem para mudar por iniciativa própria. É a psicologia de não querer sair da zona de conforto, de querer manter o estado de ocupação permanente. Durante sessenta anos, as pessoas têm pensado: "Os Estados Unidos irão nos proteger, enquanto continuarem a ocupação. Por favor, nos protejam, pois somos obedientes a vocês".

Mas os Estados Unidos estão hoje deixando de ser a única superpotência mundial para se tornarem apenas uma das grandes nações. Mais especificamente, instala-se hoje uma situação na qual os Estados Unidos não são mais capazes de cuidar do Japão. Quem sabe os Estados Unidos estejam agora refletindo: "Vocês devem tomar conta de vocês mesmos. Mesmo que sejam crianças, ao se tornarem maiores que seus pais, precisam resolver seus problemas sozinhos". Os Estados Unidos devem estar lamentando a falta de discernimento do Japão.

Conta-se que, durante a ocupação do Japão, o general Douglas MacArthur comentou que o povo japonês tem um intelecto de uma criança de doze anos de idade. Ao que parece, o povo japonês deu a impressão de ter o intelecto de alguém que está saindo da escola primária e entrando na secundária.

Chegou a hora de nos tornarmos adultos. Temos que analisar o conteúdo da nossa Constituição, e adotar um novo estilo, adequado à situação do Japão atual.

Capítulo Três

Problemas do Preâmbulo da Constituição

Problemas do Preâmbulo da Constituição

O Preâmbulo da Constituição do Japão está redigido num japonês horrível

É impossível apontar num só capítulo todos os problemas da Constituição, portanto vou destacar apenas os pontos mais significativos.

Por exemplo, quando examinamos o Preâmbulo da Constituição do Japão, vemos que está escrito num japonês horrível. É uma tradução, mas na minha opinião não pode sequer ser considerado japonês. O Preâmbulo diz o seguinte:

"Nós, o povo japonês, estabelecemos a presente Constituição e proclamamos que o poder soberano está no povo, agindo por meio dos nossos representantes devidamente eleitos para o Parlamento, assegurando os benefícios da cooperação pacífica com todas as nações, e as bênçãos proporcionadas pela liberdade em todo o território nacional, para nós e para nossa posteridade, e decidindo não sermos mais atingidos pelas tragédias da guerra provocada pela ação do governo. O governo é uma sagrada delegação do povo, e sua autoridade emana do povo, e seus poderes são exercidos por representantes do povo, e seus benefícios são desfrutados pelo povo. Esse é um princípio universal da humanidade sobre o qual se fundamenta a Constituição. Rejeitamos e revogamos todas as constituições, leis e decretos que estejam em conflito com isso.

Nós, o povo japonês, desejamos a paz definitiva, somos profundamente conscientes dos altos ideais que regem as relações humanas, e estamos determinados a preservar nossa segurança, e sobrevivência, confiando na justiça e na fé dos povos que amam a paz ao redor do mundo. Desejamos ocupar um lugar de honra na sociedade internacional que trabalha para a preservação da paz, e para banir de vez da terra a tirania e a escravidão, a opressão e a intolerância. Reconhecemos que todos os povos do mundo têm o direito de viver em paz, livres do medo e de privações.

Acreditamos que nenhuma nação deve se concentrar em interesses exclusivamente nacionais, desprezando as demais nações, que as leis da moralidade política são universais; e que a obediência a essas leis é o dever de todas as nações que irão sustentar sua própria soberania e justificar seu relacionamento soberano com outras nações.

Nós, o povo japonês, comprometemos nossa honra nacional no cumprimento desses altos ideais e propósitos, com todos os nossos recursos".

Você consegue entender essa coisa confusa? Realmente, é algo muito mal escrito. Você seria capaz, por exemplo, de expressar em palavras mais simples o que esse Prâmbulo está tentando dizer? A versão original em inglês ainda está disponível, mas quando é traduzida, torna-se esse tipo de redação ininteligível.

Os diversos problemas do Preâmbulo da Constituição

Vou apontar agora alguns dos problemas que vejo no Preâmbulo da Constituição japonesa.

O entendimento da Segunda Guerra Mundial é incorreto

Antes de mais nada, o Preâmbulo declara que "decidindo não sermos mais atingidos pelas tragédias da guerra provocada pela ação do governo", querendo dizer que "foi o governo por sua conta que empreendeu a guerra, e o povo não tinha nada a ver com isso". Mas não foi isso o que ocorreu. Uma grande parte da população aprovava a guerra.

O Preâmbulo fala que a soberania se apoia no povo, mas depois a Constituição começa pelo estabelecimento do regime imperial

Em seguida, o Preâmbulo diz que "estabelecemos a presente Constituição e proclamamos que o poder soberano está no povo". Portanto, o poder soberano deve residir no povo, mas o primeiro capítulo da Constituição é "O imperador", e começa pela instituição do regime imperial. Ao declarar que "o poder soberano reside no povo" e depois começar com o regime imperial, a Constituição parece estar dizendo que o imperador é o chefe de Estado. Portanto, ela já está errada desde o início.

No Artigo 14, consta: "Todas as pessoas são iguais perante a lei e não deve haver discriminação nas relações políticas, econômicas ou sociais em virtude de raça, credo, gênero, condição social ou origem familiar. Não se devem fazer distinções de nobreza ou casta". No entanto, os membros da família imperial são a própria nobreza. Esse é um ponto claramente contraditório.

A Constituição na verdade é um absurdo, e parece ter sido escrita por alguém que estava de fato muito perturbado mentalmente. Devo mencionar ainda que ela foi criada em consonância com a Constituição Meiji.

O Preâmbulo contém ideias que infringem os direitos humanos básicos

Além disso, o Preâmbulo afirma: "Nós, o povo japonês, desejamos a paz definitiva, somos profundamente conscientes dos altos ideais que regem as relações humanas, e estamos determinados a preservar nossa segurança, e sobrevivência, confiando na justiça e na fé dos povos que amam a paz ao redor do mundo".

Isso significa que "apenas o Japão é um mau país, como a Coreia do Norte, ou como o Iraque durante a era de Hussein, e que todas as demais nações são amantes da paz, portanto vamos confiar nesses povos a fim de preservar nossa segurança e existência". Mas se esses países se revelam maus, nos entregaremos e isso será nosso fim.

Por exemplo, se um país nos disser: "Ah, então é isso o que vocês decidiram na sua Constituição? Bem, então vamos atacar seu país e, portanto, vão em frente, por favor, e morram", não haverá nada que possamos fazer. Temos uma Constituição que permite a qualquer país ocupar o Japão. Se um país não é justo e leal, e não é amante da paz, pode ocupar o Japão com facilidade.

É claro, há também a ideia de nos transformar em nação sem espírito, segundo a qual, "Isso é apenas uma declaração muito bonita, mas não tem qualquer conteúdo. Em outras palavras, trata-se simplesmente da afirmação de um ideal". Entretanto, não devemos contar mentiras. Na verdade, mesmo depois da Segunda Guerra Mundial, ocorreram várias guerras, e houve também a ameaça de um confronto nuclear entre os Estados Unidos e a União Soviética. Mesmo hoje há ainda vários riscos de guerra.

Os conceitos expressos no Preâmbulo da Constituição abrem boas esperanças, mas desmoronam diante da realidade. É perigoso fazer uma declaração unilateral e depois ficar de mãos atadas. Portanto, devo dizer que "há várias ideias que infringem os direitos humanos básicos do povo japonês no Preâmbulo".

O Japão não ocupa um "lugar de honra" na comunidade internacional

Depois, o Preâmbulo afirma: "Desejamos ocupar um lugar de honra na sociedade internacional que trabalha para a preservação da paz e para banir de vez da terra a tirania e a escravidão, a opressão e a intolerância".

"Então, faça alguma coisa com relação à Coreia do Norte!". Este seria o meu comentário.

Existem cerca de duzentos países membros das Nações Unidas, e o Japão por um longo tempo ocupou o primeiro ou segundo lugar em termos de contribuição monetária. O Japão entra com dinheiro, mas não pode fazer nada. Não lhe foi dado o poder da fala.

Enquanto isso, os cinco membros permanentes do Conselho de Segurança têm poder de veto. Ao contemplar isso, eu digo: "Se os países membros permanentes são tão arrogantes, então, dêem dinheiro". Não fazem a sua contribuição, mas falam grosso. Eles querem dizer: "Pois, vencemos a guerra". Em outras palavras, "a ONU é das nações vencedoras da Segunda Guerra Mundial". Portanto, as Nações Unidas não estão constituídas pela justiça e igualdade.

A Segunda Guerra Mundial não foi apenas "democracia *versus* fascismo"

Algumas pessoas encaram a Segunda Guerra Mundial como um confronto de "democracia *versus* fascismo" e pensam: "Os países democráticos venceram os países fascistas". Esse é o modo de pensar expresso nos livros escolares dos Estados Unidos. O Japão, a Alemanha e a Itália eram países malvados, portanto não podem ser membros permanentes.

Será que essa ideia de "democracia *versus* fascismo" é correta? Examinando o assunto de um ponto de vista histórico, isso não é necessariamente correto. Winston Churchill, da Grã-Bretanha, aliou-se aIóssif Stálin, da União Soviética, para lutar contra a Alemanha. Nessa época, Churchill disse que faria aliança até com o diabo a fim de proteger o Reino Unido. Ele sabia que Stálin tinha uma natureza demoníaca. Mesmo assim, Churchill precisava fazer uma aliança com o demônio para que seu país não fosse destruído. Isso foi quando o Reino Unido estava à beira da destruição. Aliou-se a Stálin, depois que sofreu o bombardeio alemão com um grande número de foguetes. Examinando o que aconteceu depois, fica claro que a União Soviética era também um Estado totalitário. Um Estado totalitário lutando contra outro Estado totalitário. Portanto, a Segunda Guerra Mundial não foi apenas "democracia *versus* fascismo", pois houve também fogos cruzados.

Existem dúvidas se de fato seria correto a União Soviética ter sido uma nação vencedora na guerra. O sistema comunista da União Soviética continuou por mais de setenta anos, e houve extermínio em massa de seu povo. Calcula-se que morreram cerca de 20 milhões de pessoas, e talvez tenha sido um número ainda maior. Não se sabe o montante exato, mas não há dúvida de que muitos cidadãos foram exterminados e controlados por uma ditadura de partido único. Nesse sentido, é questionável se foi algo realmente bom a União Soviética ter sido vencedora nessa guerra.

Se Hitler fosse um pouco mais forte e tivesse derrotado Stálin, e então fosse derrotado em seguida, as coisas poderiam ter ficado melhores. Por alguma razão, as coisas correram mal e Stálin sobreviveu, e como resultado muita gente sofreu. Portanto, é problemático encarar a guerra meramente como um conflito dicotômico.

Além disso, algumas pessoas veem o Japão e a Alemanha como se fossem a mesma coisa, mas na minha opinião eram bem diferentes. Em termos de religião, é verdade que ambos eram movidos por forças espirituais. A Alemanha tinha uma religião tradicional de origem na floresta germânica. Nos termos da Happy Science, essa religião seria mais ou menos próxima do Mundo Espiritual do Verso, e é certo houve atuação do poder da magia negra.

No caso do Japão – como vejo pelas minhas leituras espirituais –, os deuses do xintoísmo japonês do Mundo da Frente aprovavam a guerra. Portanto, a responsabilidade pela guerra repousa tanto sobre o imperador como sobre os deuses do Japão.

Problemas do Preâmbulo da Constituição

Nessa época, os deuses do Japão pensavam: "Se a religião do Japão se espalhar, o mundo será feliz". Vendo o que aconteceu após a guerra, é evidente que essa ideia não estava totalmente equivocada. Se considerarmos a prosperidade que o Japão alcançou mais tarde, fica evidente que a ideia de "ter um certo grau de influência na Bacia do Pacífico" não era equivocada.

Quanto ao fato de o Japão ter matado e ferido muitos civis em outros países, provavelmente há margem para mais reflexão. Mesmo assim, acredito que essa ideia de existir "um ser absolutamente justo e outro absolutamente injusto" está errada. Vendo por essa perspectiva, parece injusto os Estados Unidos terem roubado as terras dos nativos americanos, e os Estados Unidos talvez não consigam justificar a conquista do Havaí e Guam. Os Estados Unidos tampouco emitiram algum comunicado oficial pedindo desculpas por terem matado grande número de civis japoneses (durante os Grandes Ataques Aéreos a Tóquio e no lançamento das duas bombas atômicas, em Hiroshima e Nagasaki etc.).

Parece que isso fica bem expresso pela frase "A história é escrita pelos vencedores, em proveito próprio". Na guerra há vencedores e perdedores, e a história é escrita pelos vencedores. Portanto, se você quer reescrever a história, é importante que trabalhe duro para conseguir isso.

Capítulo Quatro

Problemas com o regime imperial

Problemas com o regime imperial

Não há inconveniente em preservar o regime imperial como símbolo cultural e histórico

Agora gostaria de falar sobre o regime imperial. O regime imperial vem sendo mantido há 125 gerações, por um período de mais de dois mil anos. Isso é raro entre os países do mundo, portanto, preservar de alguma forma o regime provavelmente seja uma coisa positiva para o Japão enquanto país.

Não obstante, em termos políticos o presente imperador é visto sob certos aspectos como o chefe de Estado, mas sob outros não é visto assim. Ou seja, é como um morcego – não é bem um pássaro, mas tampouco é um animal terrestre. Tenho alguns questionamentos sobre isso.

Ao que parece, antes do Período Meiji, o imperador era uma espécie de símbolo cultural. Ele morava em Quioto e tinha essa função. Mas um grupo de pessoas achou que a defesa do xogunato Tokugawa pelas forças militares da Aliança Satsuma-Choshu não era suficiente para estabilizar o país. Então levantaram a Bandeira Imperial em nome do imperador como uma causa nobre, deram-lhe presença política e criaram um novo governo. As pessoas que recorreram a essa tática foram geniais.

No decorrer da história, os imperadores nem sempre ocuparam a cúpula do país em termos políticos. Basta ver a história do Japão para saber. O imperador tinha uma presença cultural, mas politicamente falando, sua presença muitas vezes era pouco visível ou bastante reservada. Na maioria dos casos, era o xogunato ou outras pessoas que tinham o poder de fato. Em algumas situações, quando o xogunato mudava, a presença do imperador contribuía para trazer estabilidade política, e outras vezes podia criar confusão. Fica patente que o regime imperial se manteve por muito tempo devido à divina providência da parte dos deuses do xintó japonês. Isto posto, é adequado pensar que "como o imperador é um símbolo cultural e histórico do Japão, a continuidade do sistema imperial deveria ser respeitada".

Não obstante, o que consta do Artigo 1, onde se lê "derivando sua posição da vontade do povo, do qual emana o poder soberano", é claramente uma mentira. O imperador não desfruta de sua posição por representar a vontade do povo expressa por meio de

Problemas com o regime imperial

algum referendo. A Constituição mente já no seu primeiro artigo. Acho que essa parte precisa ser revista.

Não é errado dizer que na Segunda Guerra Mundial o exército do Japão era em certo sentido o "exército imperial". As pessoas lutavam e morriam pelo imperador. Portanto, a responsabilidade pela guerra também é claramente do imperador. Na Europa e em outras partes, os países derrotados em guerras perderam sua família real. Acho que o fato de o Japão não ter perdido sua família imperial teve muito a ver com a decisão pessoal do general MacArthur. É verdade que o imperador Hirohito era virtuoso, mas a razão principal é que MacArthur tinha receio de que o Japão se tornasse um país desprovido de um interlocutor para negociar, e virasse uma total bagunça. Ao que parece, o imperador foi preservado como um símbolo da ordem, para evitar que se instalasse uma situação como a do Iraque em anos recentes. Acredito, portanto, que se tratou mais de uma consideração política.

Não vejo problema em se ter um sistema imperial, mas não acho que suas regras devam ser declaradas de modo pomposo no primeiro artigo da Constituição.

Manifesto do Partido da Realização da Felicidade

Para os países estrangeiros, não está claro quem é o chefe de Estado

O Artigo 7 estabelece as seguintes regras:
"O imperador, com orientação e aprovação do gabinete, deve desempenhar os seguintes atos em questões de Estado, em nome do povo:

I. Promulgação de emendas à Constituição, leis, ordens do gabinete e tratados.
II. Convocação do Parlamento (Dieta).
III. Dissolução da Camara de Deputados.
IV. Proclamação de eleições gerais para os membros do Parlamento.
V. Confirmação das nomeações e demissões de ministros de Estado e de outros cargos conforme disposição da lei com atribuição de plenos poderes, e credenciais a embaixadores e ministros.
VI. Confirmação de anistia geral e especial, comutação ou suspensão temporária de penas, e restauração de direitos.
VII. Outorga de honrarias.
VIII. Confirmação de instrumentos de ratificação e outros documentos diplomáticos, conforme as disposições da lei.

IX. Recepção de embaixadores e ministros do exterior.
X. Desempenho de funções cerimoniais."

É muito confuso. Um artigo muito mal redigido. Atribuir tantos afazeres ao imperador iria deixá-lo tão ocupado que ele fatalmente cairia doente. Não há necessidade de tanta coisa. Na realidade, ele provavelmente conta com muitos oficiais do Palácio Imperial para assisti-lo, mas não acho que o imperador deva desempenhar essas tarefas tão enfadonhas.

O sentido da Constituição está em estabelecer o seguinte: "O imperador pode desempenhar tarefas do tipo cerimonial, mas não deve ter atividades efetivas". As tarefas são divididas convenientemente entre "política nacional" e "assuntos de Estado". Os assuntos de Estado são os cerimoniais atribuídos ao imperador, enquanto a política nacional é atribuição do Gabinete.

Quando o imperador se encontra com dignitários estrangeiros, está agindo como chefe de Estado, embora na realidade não possua nenhum poder ou responsabilidade. Esse sistema é muito confuso. A razão pela qual a princesa Masako se encontra em estado depressivo deve-se justamente a essa separação entre "política nacional" e "assuntos de Estado". Assim, as pessoas comuns, quando confrontadas com o argumento de que "um cavalo branco não é um cavalo", ficam confusas. Esse jogo de palavras diz que "um 'cavalo' é um cavalo, mas um 'cavalo branco' não é um cavalo; consequentemente, um 'cavalo preto' tampouco é um cavalo, e um 'cavalo marrom' também não. Então, o que faz com que um cavalo seja um cavalo?".

Há muitas controvérsias em torno da definição de quando uma tarefa é "política nacional" e quando é "assuntos de Estado", mas considerando que o imperador assina leis, tem-se a impressão de que o imperador é o chefe de Estado. A ideia é: "Ele é o chefe de Estado, mas a responsabilidade recai sobre o Gabinete, uma vez que este é quem dá conselhos e aprova", portanto isso quer dizer que "O imperador está no alto da hierarquia, mas não detém responsabilidade, e esta recai sobre seus subordinados". Trata-se de uma tentativa de usar o mesmo princípio que permitiu ao regime imperial sobreviver à Segunda Guerra Mundial, mas a situação fica bastante indefinida.

Problemas com o regime imperial

Na realidade, essa é a razão pela qual outros países não confiam no Japão. Eles dizem: "Não sabemos quem está tomando as decisões. Digam-nos com clareza quem é que decide aqui". Se o primeiro-ministro é o chefe de Estado, então é possível decidir tudo negociando com ele; o imperador, desta forma, deveria ser venerado como uma presença cultural, e, sendo assim, não deveria se envolver com política.

Por outro lado, se o imperador está na cúpula da política, deveria ter algum tipo de autoridade para poder tomar decisões. É claro, com a tomada de decisões vem a responsabilidade. Nesse caso, em épocas como o fim da Segunda Guerra Mundial, ele muito provavelmente teria recebido a pena de morte. Conseguiu escapar uma vez, como um camaleão, mas essa lógica não vai funcionar indefinidamente.

Penso que não haveria problema em se definir: "O primeiro-ministro tem responsabilidade como o chefe de Estado". Seria melhor ainda se se introduzisse o sistema presidencialista. Sem isso, o Japão não irá despertar confiança como nação. Dentro do possível, deve ser esclarecido, pois os estrangeiros olham para nós e pensam: "Quando entabulamos negociações, não fica claro quem tem autoridade para tomar decisões. Na realidade, parece que são os funcionários de escalão intermediário que analisam e tomam decisões sobre a política nacional".

Capítulo Cinco

Problemas com o Artigo 9 da Constituição

O Artigo 9 da Constituição está cheio de mentiras

A parte da Constituição que apresenta mais problemas é o Artigo 9, "Renúncia à Guerra".

"Com a aspiração sincera de paz internacional baseada na justiça e na ordem, o povo japonês renuncia para sempre à guerra como direito soberano da nação, e à ameaça ou ao uso da força, como meio de resolver disputas internacionais.

A fim de cumprir o objetivo do parágrafo anterior, não serão mantidas forças de terra, mar e ar, e tampouco outros meios de guerra. Não se reconhece o direito de beligerância do Estado."

Que tal olharmos para esse artigo de mente aberta? Pacifismo, "aspirar a paz", tudo isso está OK. Mas quando a Constituição diz "O povo japonês renuncia para sempre a ameaçar ou usar a força para resolver disputas internacionais", significa que as ações da Força Marítima de Autodefesa para expulsar os piratas da costa da Somália constituem "uma ameaça de força" e que ao fazer isso já violamos a Constituição. Estamos usando vários métodos dissimulados, como criar a Lei das Forças de Autodefesa e outras leis que nos permitam tomar ações sem termos que rever a Constituição. Deveríamos ser um pouco mais honestos. Se as regras da Constituição não servem para nada, devemos mudar a Constituição. Expulsar piratas da costa da Somália não desperta a oposição de ninguém da comunidade internacional, então seria melhor se pudéssemos fazer isso em concordância com a Constituição.

Além disso, ela declara: "A fim de cumprir o objetivo do parágrafo anterior, não serão mantidas forças de terra, mar e ar, e tampouco outros meios de guerra". Então, o que são essas Forças de Autodefesa? Em inglês, a expressão é *Self-Defense Forces* ["Forças de Autodefesa"], o que deixa implícito que *self-defense forces* ["forças"] não são *forces* ["forças militares"]. É a mesma coisa que dizer que um "cavalo branco não é um cavalo". Se alguém viesse me dizer que "Forças de Autodefesa não são forças militares", eu ficaria surpreso e pensaria "Isso sim é que é forçar a imaginação".

Quanto à alegação de que "elas se destinam à autodefesa, então não são forças militares", todos os demais países têm forças militares com o propósito de autodefesa. Vamos supor que na ONU alguém dissesse: "Se algum país aqui possui forças militares com o propósito de agressão, por favor, levante a mão", é provável que ninguém o fizesse. Os Estados Unidos parecem realizar ações muito agressivas, mas nunca irão admitir isso oficialmente. Certamente dirão que estão empreendendo essas ações com propósitos apenas de autodefesa ou de manutenção da paz internacional, e não com o intento de agressão.

As Forças de Autodefesa nada mais são do que "forças de terra, mar e ar, e tampouco outros meios de guerra". Países estrangeiros reconhecem as Forças de Autodefesa como parte das forças de um exército, marinha e força aérea. Elas não são interpretadas de outro modo. A maioria das pessoas dos demais países nunca leram a Constituição do Japão, e se a conhecessem é provável que a achassem estranha. O Preâmbulo e o Artigo 98 dizem essencialmente: "Leis que contradizem a Constituição devem ser invalidadas", portanto a Lei das Forças de Autodefesa deveria ser considerada inválida.

Em resumo, a Constituição precisa ser alterada. Ela diz que não deveríamos ter forças de terra, mar e ar, mas nós temos, portanto, em tese, a Lei das Forças de Autodefesa é inconstitucional. Se precisamos de Forças de Autodefesa para proteger o país, temos que mudar a Constituição. Na minha opinião, o fato de evitarmos mudar a Constituição e pedirmos que as Forças de Autodefesa sejam usadas apenas para nos proteger em caso de necessidade é um artifício de dissimulação.

Vamos parar de reinterpretar a Constituição e prover uma base para as Forças de Autodefesa

"Não se reconhece o direito de beligerância do Estado" é algo redigido exatamente da mesma maneira que os Estados Unidos fizeram ao conquistar os nativos americanos. Equivale ao argumento de que "os nativos americanos nunca devem possuir arcos, porque se os tivessem seriam capazes de matar os cavalarianos". Isso é não reconhecer a dignidade humana. Na Segunda Guerra Mundial, os Estados Unidos disseram que "os japoneses são macacos" e os trataram como animais. Essa parte da Constituição parece ser uma extensão dessa maneira de pensar e, portanto, é bem deselegante.

Se esse trecho fosse mudado, acho que não haveria problema em manter um "tom pacifista", mas provavelmente seria melhor dizer "Nós devemos abrir mão de guerras de agressão e nos dedicar apenas à defesa". E estabelecer com clareza: "Devemos manter potencial de guerra para a defesa como um direito inerente", esclarecendo assim as bases da Lei das Forças de Autodefesa. Mentir não é bom.

O Artigo 9, Parágrafo 2, contém a frase: "A fim de cumprir o objetivo do parágrafo anterior" e a partir disso a Constituição foi reinterpretada como se dissesse: "Não vamos possuir forças de terra, mar e ar a fim de cumprir o objetivo do parágrafo anterior, mas não há problema em possuí-las se o intuito não for cumprir esse objetivo". Essa frase, "a fim de cumprir o objetivo do parágrafo anterior", foi inserida como uma "emenda Ashida" e foi desse modo que ocorreu esse tipo de "malícia". Que criatividade espantosa!

A Constituição declara: "O povo japonês renuncia para sempre à guerra como direito soberano da nação e à ameaça ou uso da força como meio de resolver disputas internacionais", e então a Constituição foi reinterpretada para dizer: "Não vamos possuir forças de terra, mar e ar a fim de usar a força, mas não há problema em possuir forças de terra, mar e ar se elas não se destinarem a esse propósito. Não há problema em termos forças militares apenas para autodefesa a fim de protegermos a vida dos cidadãos".

Seja como for, vamos parar de mentir – e esclarecer as afirmações. Não gosto de tantas mentiras. As forças militares são necessárias. O Japão se tornou uma grande nação, então é muito natural que tenhamos forças militares. Acho que deveríamos levar em consideração o "Caminho do Meio" e traçar uma linha de definição afirmando: "Não vamos nos envolver em agressão. Mas se formos vítimas de agressão, iremos lutar a fim de proteger nossos cidadãos". Acho que é nesses moldes que a Constituição deveria ser alterada.

Capítulo Seis

Problemas relativos à "liberdade religiosa"

Problemas relativos à "liberdade religiosa"

O Artigo 20 estimula a perseguição religiosa

Existem também várias cláusulas menores que não precisariam fazer parte da Constituição. Ela contém muitas cláusulas detalhadas sobre o Parlamento e outros aspectos que poderiam muito bem ser contempladas por leis ordinárias, portanto está havendo uma mistura de níveis entre leis ordinárias e Constituição.

Uma questão importante que a Happy Science precisa comentar é a "liberdade religiosa".

O Artigo 19 contém a cláusula "A liberdade de pensamento e de consciência não deverá ser violada" e é reforçada ainda mais ao declarar no Artigo 20: "A liberdade religiosa é garantida a todos. Nenhuma organização religiosa deve receber quaisquer privilégios do Estado, nem exercer nenhuma autoridade política" (Parágrafo 1); "Nenhuma pessoa deve ser obrigada a participar de nenhum ato religioso, celebração, ritual ou prática" (Parágrafo 2); "O Estado e seus órgãos devem se abster de fornecer educação religiosa ou de realizar qualquer outra atividade religiosa" (Parágrafo 3).

Manifesto do Partido da Realização da Felicidade

Penso que a maneira como o Artigo 20 foi elaborado causa muita confusão. Já estaria bem se ele dissesse apenas "A liberdade de religião é garantida a todos". Mas depois disso, nas cláusulas secundárias, ele cita muitas coisas que não devem ser feitas, portanto em última instância parece dizer que as atividades religiosas não deveriam ser realizadas. Ele retrata a religião como se fosse um tabu, dizendo que o governo nacional e as instituições públicas não deveriam se envolver de forma nenhuma em atividades religiosas, e na realidade parece estar dizendo "o governo nacional e as instituições públicas não irão fazer nada relacionado à religião, portanto, que as instituições religiosas façam como quiserem".

Interpretando com benevolência, o texto parece dizer: "Vamos permitir a livre concorrência entre as religiões. Assim como há liberdade de expressão, as religiões podem competir entre si livremente, e o Estado não vai se envolver". Mas examinando a maneira como as cláusulas estão redigidas, devo dizer que isso só serve para incentivar a perseguição.

Por exemplo, vamos dar uma olhada no Artigo 23. No tópico de "liberdade acadêmica", há apenas uma linha: "A liberdade acadêmica está garantida". Deveria valer o mesmo para a religião. A Constituição deveria dizer: "A liberdade religiosa está garantida a todos" e pronto. Não é necessário mais nada.

Quanto ao que vem depois, as questões sobre "o que deve ser feito em tais e quais circunstâncias" teriam que ser tratadas por leis ordinárias e afins, e não precisariam constar na Constituição. Como resultado da inclusão dessas cláusulas, há pessoas que comentam "Não se deve dar educação religiosa nas escolas públicas" e com isso a ala esquerda se fortalece.

A afirmação "Nenhuma organização religiosa deve receber quaisquer privilégios do Estado, nem exercer nenhuma autoridade política" foi redigida originalmente tendo em vista o xintoísmo, que era protegido pelo Estado. Se lermos atentamente esta cláusula, veremos que ela deveria ser aplicada ao atual sistema imperial. O imperador é um sacerdote xintoísta, o mais alto sacerdote do xintoísmo japonês, e participa dos rituais. Por exemplo, na família imperial, quando um imperador falece há um ritual chamado "mogari". O corpo do imperador falecido é colocado numa urna e o imperador que assume deve deitar-se ao lado do corpo. Esse é claramente um ato religioso. Rituais como esse são realizados de forma contínua desde as eras Yayoi ou Jomon. A família imperial participa de vários desses atos, que são, em todos os sentidos, religiosos, não relacionados com a política. Portanto, trata-se efetivamente de privilégios especiais.

O Artigo 89 obriga e impõe desnecessariamente regras sobre o escopo da religião

Quase na parte final do texto da Constituição, há uma cláusula dizendo algo no sentido de que "não se deve prover assistência financeira a organizações religiosas ou escolas particulares etc." (Artigo 89), mas o governo nacional dá subsídios para a educação particular. O Ministério da Educação, Cultura, Esportes, Ciência e Tecnologia está fazendo o que tem que fazer a fim de controlar as escolas particulares etc.

Problemas relativos à "liberdade religiosa"

Talvez, quando a Happy Science fundar um partido político, possa haver pessoas que nos ataquem nesse aspecto. Quanto a isso, minhas opiniões são as seguintes. Invertendo o ponto de vista, me parece que esse artigo da Constituição é coercitivo e impõe sem necessidade regras sobre o escopo da religião. Em outras palavras, ele parece afirmar: "Deus ou Buda não devem pregar ensinamentos sobre política".

Mas a religião, o xintoísmo japonês, conviveu com a política por um longo tempo. Certamente, o imperador era o sacerdote-mor. Há muitos exemplos disso também em outras religiões. Portanto, ao dizer: "Figuras religiosas não podem fazer declarações sobre política, e os deuses não devem fazer declarações sobre ideologias políticas ou ações políticas", a Constituição ordena que os "deuses fiquem de boca calada". Acho isso um pouco estranho.

Se os deuses fazem declarações sobre política e economia, é muito natural que os fiéis tomem atitudes correspondentes a essas declarações. Como a "liberdade religiosa" está garantida, naturalmente esse tipo de coisa pode ocorrer. Não há nenhum problema no fato de os deuses de uma religião não se interessarem por política e falarem apenas sobre outras questões, mas há deuses neste mundo que fazem declarações sobre política, economia, e sobre situações internacionais. Levando-se em consideração a "liberdade de religião", é claro que podem existir religiões políticas e religiões apolíticas.

Nos Estados Unidos, formalmente existem regras sobre o Estado laico, mas na prática o presidente dos Estados Unidos faz um juramento com a mão sobre a Bíblia. Na cerimônia de posse do presidente Barack Obama, uma figura religiosa foi até a frente do palco, e o senhor Obama fez um juramento diante de uma antiga Bíblia. Esse tipo de coisa é habitual.

Além disso, nos Estados Unidos, há conflitos religiosos entre as alas direita e esquerda do cristianismo. A religião à qual o senhor Obama é ligado tende mais para a esquerda, e afirma que lançar as bombas atômicas sobre o Japão foi inadmissível. Parece que o senhor Obama fez parte dessa religião durante vinte anos. Já a ala direita diz que os países que não ouvirem as advertências dos Estados Unidos devem ser atacados sem hesitação. Assim, nos

Estados Unidos, as religiões estão de fato envolvidas com atividades políticas. As religiões empreendem ações para que seus representantes alcancem a presidência ou postos no Congresso. Nesse sentido, as megaigrejas atuais detêm poder muito significativo.

As religiões podem existir sob várias formas, não apenas como sistemas políticos, mas também como grupos de pressão, e nessa condição é muito natural que expressem suas opiniões. Há algo de errado quando as organizações religiosas não podem fazer declarações políticas relativas a seus interesses. Religião e política são um pouco diferentes nos seus princípios fundamentais, então acho que seria melhor tentar criar uma organização separada. Se um país diz que a política não deve ser de forma alguma o reflexo de questões religiosas, isso significa que se trata de uma nação materialista, e eu penso que isso está basicamente equivocado.

Além disso, acho que a educação religiosa é importante, portanto as declarações do Artigo 89 deveriam ser removidas da Constituição.

Capítulo Sete

Cumpramos a função de salvar o mundo da corrupção e da degradação

Existem também muitas outras partes da Constituição que me incomodam, mas boa parte delas são questões técnicas, por isso não vou detalhá-las.

A política se baseia na responsabilização pelos resultados, portanto sempre que possível deve-se assumir responsabilidade pelos resultados e pretendo detalhar mais esse ponto. Por exemplo, no início do "Capítulo IV. O Parlamento" da Constituição, lemos: "O Parlamento deve ser o órgão mais alto do poder do Estado, e o único órgão legislativo do Estado" (Artigo 41). Mas isso é mentira. Algumas pessoas dizem que isso é um mero eufemismo, mas na realidade o Parlamento não é o único órgão do Estado responsável por elaborar leis. A maioria das leis é feita por burocratas, e algumas são elaboradas pelo Gabinete. A realidade não bate com o que é dito na Constituição. Essas mentiras óbvias deveriam ser revistas.

Acredito que há também espaço para reexaminar as partes da Constituição que dizem respeito à Câmara dos Conselheiros. Atualmente, a Câmara dos Conselheiros está sendo usada como um instrumento para vencer nas brigas políticas. Não está funcionando como "a Casa do Bom Senso", e parece que há espaço para que isso seja reexaminado. Alguns descrevem a situação dizendo que "os assuntos do Estado não deveriam ficar suspensos toda vez que há a dissolução da Câmara dos Deputados, portanto a Câmara dos Conselheiros é necessária como segurança e como precaução". Mas se a Câmara dos Conselheiros tem que ser a Casa do Bom Senso, talvez seus membros tivessem que ser selecionados com base em princípios um pouco diferentes. A Câmara dos Conselheiros tem princípios diferentes dos da Câmara dos Deputados, e acho que é preciso selecionar os eruditos. Talvez fosse bom adotar um método de seleção similar ao da Câmara dos Pares durante o período Meiji.

Também não haveria problema se tivéssemos apenas a Câmara dos Deputados. Há um grande déficit orçamentário, e reduzir o número de membros do Parlamento iria reduzir o déficit. Se a Câmara dos Conselheiros fosse abolida, creio que isso permitira encaminhar as questões com maior rapidez. Nesse caso, seria bom se – após a dissolução – cerca de 20% dos membros mais votados da Câmara dos Deputados pudessem ter permissão de continuar e deliberar, a fim de desempenhar o papel da Câmara dos Conselheiros. Poder-se-ia selecionar um determinado número de mais votados nas eleições para que exercessem o papel da Câmara dos Conselheiros. Nesse sentido, parece que há também outros métodos para eliminar situações nas quais membros do Parlamento desaparecem completamente. Essa é uma questão que deve ser pesquisada no futuro.

Acho que pessoas de fora da Happy Science farão muitas críticas sobre a "liberdade religiosa" e o "Estado laico". Mas há partidos políticos religiosos na Europa e nos Estados Unidos. Embora a maioria deles seja de facções políticas cristãs, existem muitos partidos políticos religiosos ao redor do mundo. Se as religiões são influentes e há muitos cidadãos que acreditam nessas religiões, então não há nada de estranho no fato de elas possuírem partidos políticos. As religiões são representantes do bom senso, portanto, se têm partidos políticos, exercerão a função de salvar o mundo da corrupção e da degradação. Isso conclui minha breve fala sobre a Constituição.

# Capítulo Oito

Religião e política devem se complementar

Religião e política devem se complementar

É isso o que quero declarar neste "Manifesto do Partido da Realização da Felicidade".

A criação de um partido político pela Happy Science faz parte de nosso movimento voltado a melhorar o mundo. A partir de agora, vamos aumentar o número de templos da Happy Science em todo o mundo, e acho que em última instância temos que ser capazes de realizar ideias políticas em vários países.

Por exemplo, mesmo que queiramos dar assistência a um país como a Índia, há algumas áreas nas quais não podemos prestar assistência por meio apenas da religião. Favelas como as mostradas no filme *Quem quer ser um milionário?* (*Slumdog Millionaire*) estão fora do alcance de uma religião. Só podem ser auxiliadas recorrendo a poderes políticos e econômicos. Seria impossível melhorar aquelas favelas apenas com a religião, sem melhorar as condições políticas e econômicas. Acho que a situação política tem também que ser melhorada.

Na realidade, o trabalho da religião e o trabalho da política não são coisas separadas, mas se sobrepõem em alguns aspectos. Pessoas como Madre Teresa trabalham arduamente para oferecer auxílio a refugiados quando as políticas falham, e num certo sentido isso também é um trabalho político. Madre Teresa envolvia-se em ações concretas que iam além do trabalho espiritual. Assim, a religião e a política se sobrepõem.

Portanto, é impossível separar completamente esses dois elementos, e parece que eles têm uma relação de mútua complementaridade. Assim, quando a política for suficientemente capaz, a religião não precisará realizar o trabalho assistencial. Neste caso, a religião deverá se concentrar mais em elevar a espiritualidade.

Com isso, concluímos o "Manifesto do Partido da Realização da Felicidade".

Sobre o Autor

O mestre Ryuho Okawa começou a receber mensagens de grandes personalidades da história – Jesus, Buda e outros seres celestiais – em 1981. Esses seres sagrados vieram com mensagens apaixonadas e urgentes, rogando para que ele transmitisse às pessoas na Terra a sabedoria divina deles. Assim se revelou o chamado para que ele se tornasse um líder espiritual e inspirasse pessoas no mundo todo com as Verdades espirituais sobre a origem da humanidade e sobre a alma, por tanto tempo ocultas. Esses diálogos desvendaram os mistérios do Céu e do Inferno e se tornaram a base sobre a qual o mestre Okawa construiu sua filosofia espiritual. À medida que sua consciência espiritual se aprofundou, ele compreendeu que essa sabedoria continha o poder de ajudar a humanidade a superar conflitos religiosos e culturais e conduzi-la a uma era de paz e harmonia na Terra.

    Pouco antes de completar 30 anos, o mestre Okawa deixou de lado uma promissora carreira de negócios para se dedicar totalmente à publicação das mensagens que recebe do Mundo Celestial. Desde então, até abril de 2014, já lançou mais de 1.500 livros, tornando-se um autor de grande sucesso no Japão e no mundo. A universalidade da sabedoria que ele compartilha, a profundidade de sua filosofia religiosa e espiritual e a clareza e compaixão de suas mensagens continuam a atrair milhões de leitores. Além de seu trabalho contínuo como escritor, o mestre Okawa dá palestras públicas pelo mundo todo.

Sobre a Happy Science

Em 1986, o mestre Ryuho Okawa fundou a Happy Science, um movimento espiritual empenhado em levar mais felicidade à humanidade pela superação de barreiras raciais, religiosas e culturais, e pelo trabalho rumo ao ideal de um mundo unido em paz e harmonia. Apoiada por seguidores que vivem de acordo com as palavras de iluminada sabedoria do mestre Okawa, a Happy Science tem crescido rapidamente desde sua fundação no Japão e hoje conta com mais de 12 milhões de membros em todo o globo, com Templos locais em Nova York, Los Angeles, São Francisco, Tóquio, Londres, Paris, Düsseldorf, Sydney, São Paulo e Seul, dentre as principais cidades. Semanalmente o mestre Okawa ensina nos Templos da Happy Science e viaja pelo mundo dando palestras abertas ao público. A Happy Science possui vários programas e serviços de apoio às comunidades locais e pessoas necessitadas, como programas educacionais pré e pós-escolares para jovens e serviços para idosos e pessoas portadoras de deficiências. Os membros também participam de atividades sociais e beneficentes, que no passado incluíram ajuda humanitária às vitimas de terremotos na China e no Japão, levantamento de fundos para uma escola na Índia e doação de mosquiteiros para hospitais em Uganda.

Programas e Eventos

Os templos locais da Happy Science oferecem regularmente eventos, programas e seminários. Junte-se às nossas sessões de meditação, assista às nossas palestras, participe dos grupos de estudo, seminários e eventos literários. Nossos programas ajudarão você a:

- Aprofundar sua compreensão do propósito e significado da vida.
- Melhorar seus relacionamentos conforme você aprende a amar incondicionalmente.
- Aprender a tranquilizar a mente mesmo em dias estressantes, pela prática da contemplação e da meditação.
- Aprender a superar os desafios da vida e muito mais.

Seminários Internacionais

Anualmente, amigos do mundo inteiro comparecem aos nossos seminários internacionais, que ocorrem em nossos templos no Japão. Todo ano são oferecidos programas diferentes sobre diversos tópicos, entre eles como melhorar relacionamentos praticando os Oito Corretos Caminhos para a iluminação e como amar a si mesmo.

Sobre a Happy Science

REVISTA HAPPY SCIENCE

Leia os ensinamentos do mestre Okawa na revista mensal *Happy Science*, que também traz experiências de vida de membros do mundo todo, informações sobre vídeos da Happy Science, resenhas de livros etc. A revista está disponível em inglês, português, espanhol, francês, alemão, chinês, coreano e outras línguas. Edições anteriores podem ser adquiridas por encomenda. Assinaturas podem ser feitas no templo da Happy Science mais perto de você.

Contatos

Templos da Happy Science no Brasil

Para entrar em contato, visite o website da Happy Science no Brasil:
http://www.happyscience-br.org

TEMPLO MATRIZ DE SÃO PAULO
Rua Domingos de Morais, 1154, Vila Mariana,
São Paulo, SP, CEP 04010-100.
Tel.: (11) 5088-3800; Fax: (11) 5088-3806
E-mail: sp@happy-science.org

TEMPLOS LOCAIS

SÃO PAULO
Região Sul:
Rua Domingos de Morais,
1154, 1º andar,
Vila Mariana, São Paulo, SP,
CEP 04010-100.
Tel.: (11) 5574-0054;
Fax: (11) 5574-8164
E-mail: sp_sul@happy-science.org

Região Leste:
Rua Fernão Tavares, 124,
Tatuapé, São Paulo, SP,
CEP 03306-030.
Tel.: (11) 2295-8500;
Fax: (11) 2295-8505
E-mail: sp_leste@happy-science.org

Região Oeste:
Rua Grauçá, 77, Vila Sônia,
São Paulo, SP,
CEP 05626-020.
Tel.: (11) 3061-5400
E-mail: sp_oeste@happy-science.org

JUNDIAÍ
Rua Congo, 447,
Jd. Bonfiglioli,
Jundiaí, SP, CEP 13207-340.
Tel.: (11) 4587-5952
E-mail: jundiai@happy-science.org

RIO DE JANEIRO
Largo do Machado,
21 sala 607, Catete
Rio de Janeiro, RJ,
CEP 22221-020.
Tel.: (21) 3243-1475
E-mail: riodejaneiro@happy-science.org

Contatos

SOROCABA
Rua Dr. Álvaro Soares, 195,
sala 3, Centro,
Sorocaba, SP, CEP 18010-190.
Tel.: (15) 3359-1601
E-mail: sorocaba
@happy-science.org

SANTOS
Rua Itororó, 29, Centro,
Santos, SP, CEP 11010-070.
Tel.: (13) 3219-4600
E-mail: santos
@happy-science.org

Templos da Happy Science pelo Mundo

A Happy Science é uma organização com vários templos distribuídos pelo mundo. Para obter uma lista completa, visite o site internacional (em inglês):

www.happyscience.org.

Localização de alguns dos muitos templos da Happy Science no exterior:

JAPÃO
Departamento Internacional
6F 1-6-7, Togoshi, Shinagawa,
Tokyo, 142-0041, Japan
Tel.: (03) 6384-5770
Fax: (03) 6384-5776
E-mail: tokyo@happy-science.org
Website: www.happy-science.jp

ESTADOS UNIDOS
Nova York
79 Franklin Street,
New York, NY 10013
Tel.: 1- 212-343-7972
Fax: 1-212-343-7973

E-mail: ny@happy-science.org
Website: www.happyscience-ny.org

Los Angeles
1590 E. Del Mar Boulevard,
Pasadena, CA 91106
Tel.: 1-626-395-7775
Fax: 1-626-395-7776
E-mail: la@happy-science.org
Website: www.happyscience-la.org

São Francisco
525 Clinton Street,
Redwood City, CA 94062

Tel./Fax: 1-650-363-2777
E-mail: sf@happy-science.org
Website: www.happyscience-sf.org

Havaí
1221 Kapiolani Blvd,
Suite 920, Honolulu
HI 96814, USA
Tel.: 1-808-537-2777
E-mail: hawaii-shoja@happy-science.org
Website: www.happyscience-hi.org

AMÉRICAS CENTRAL E DO SUL

MÉXICO
E-mail: mexico@happy-science.org
Website: www.happyscience.jp/sp

PERU
Av. Angamos Oeste, 354,
Miraflores, Lima, Perú
Tel.: 51-1-9872-2600
E-mail: peru@happy-science.org
Website: www.happyscience.jp/sp

EUROPA

INGLATERRA
3 Margaret Street,
London W1W 8RE, UK
Tel.: 44-20-7323-9255
Fax: 44-20-7323-9344
E-mail: eu@happy-science.org
Website: www.happyscience-eu.org

ALEMANHA
Klosterstr. 112, 40211 Düsseldorf, Germany
Tel.: 49-211-9365-2470
Fax: 49-211-9365-2471
E-mail: germany@happy-science.org

FRANÇA
56 rue Fondary 75015, Paris, France
Tel.: 33-9-5040-1110
Fax: 33-9-5540-1110
E-mail: france@happy-science-fr.org
Website: www.happyscience-fr.org

Outros Livros de Ryuho Okawa

O Caminho da Felicidade
Torne-se um Anjo na Terra
IRH Press do Brasil

Aqui se encontra a íntegra dos ensinamentos da Verdade espiritual transmitida por Ryuho Okawa e que serve de introdução aos que buscam o aperfeiçoamento espiritual. Okawa apresenta "Verdades Universais" que podem transformar sua vida e conduzi-lo para o caminho da felicidade. A sabedoria contida neste livro é intensa e profunda, porém simples, e pode ajudar a humanidade a alcançar uma era de paz e harmonia na Terra.

Mude Sua Vida, Mude o Mundo
Um Guia Espiritual para Viver Agora
IRH Press do Brasil

Este livro é uma mensagem de esperança, que contém a solução para o estado de crise em que nos encontramos hoje. É um chamado para nos fazer despertar para a Verdade de nossa ascendência, para que todos nós, como irmãos, possamos reconstruir o planeta e transformá-lo numa terra de paz, prosperidade e felicidade.

A Mente Inabalável
Como Superar as Dificuldades da Vida
IRH Press do Brasil

Muitas vezes somos incapazes de lidar com os obstáculos da vida, sejam eles problemas pessoais ou profissionais, tragédias inesperadas ou dificuldades que nos acompanham há tempos. Para o autor, a melhor solução para tais situações é ter uma mente inabalável. Neste livro, ele descreve maneiras de adquirir confiança em si mesmo e alcançar o crescimento espiritual, adotando como base uma perspectiva espiritual.

Manifesto do Partido da Realização da Felicidade

As Leis da Salvação
Fé e a Sociedade Futura
IRH Press do Brasil

O livro analisa o tema da fé e traz explicações relevantes para qualquer pessoa, pois ajudam a elucidar os mecanismos da vida e o que ocorre depois dela, permitindo que os seres humanos adquiram maior grau de compreensão, progresso e felicidade. Também aborda questões importantes, como a verdadeira natureza do homem enquanto ser espiritual, a necessidade da religião, a existência do bem e do mal, o papel das escolhas, a possibilidade do armagedom, o caminho da fé e a esperança no futuro, entre outros.

O Próximo Grande Despertar
Um Renascimento Espiritual
IRH Press do Brasil

Esta obra traz revelações surpreendentes, que podem desafiar suas crenças. Essas mensagens foram transmitidas pelos Espíritos Superiores ao mestre Okawa, para que ele ajude você a compreender a verdade sobre o que chamamos de "realidade". Se você ainda não está convencido de que há muito mais coisas do que aquilo que podemos ver, ouvir, tocar e experimentar; se você ainda não está certo de que os Espíritos Superiores, os Anjos de Guarda e os alienígenas de outros planetas existem aqui na Terra, então leia este livro.

Ame, Nutra e Perdoe
Um Guia Capaz de Iluminar Sua Vida
IRH Press do Brasil

O autor traz uma filosofia de vida na qual revela os segredos para o crescimento espiritual através dos estágios do amor. Cada estágio representa um nível de elevação no desenvolvimento espiritual. O objetivo do aprimoramento da alma humana na Terra é progredir por esses estágios e desenvolver uma nova visão do maior poder espiritual concedido aos seres humanos: o amor. O livro ensina aspectos como a Independência e a Responsabilidade, que podem transformar a vida das pessoas.

As Leis da Imortalidade
O Despertar Espiritual para uma Nova Era Espacial
IRH Press do Brasil

Milagres estão ocorrendo o tempo todo à nossa volta. Aqui, o mestre Okawa revela as verdades sobre os fenômenos espirituais e ensina que as leis espirituais eternas realmente existem, e como elas moldam o nosso planeta e os outros além deste. Milagres e ocorrências espirituais dependem não só do Mundo Celestial, mas sobretudo de cada um de nós e do poder contido em nosso interior – o poder da fé.

A Essência de Buda
O Caminho da Iluminação e da Espiritualidade Superior
IRH Press do Brasil

Este guia espiritual mostra como viver a vida com um verdadeiro significado e propósito. Apresenta uma visão contemporânea do caminho que vai muito além do budismo, a fim de orientar os que estão em busca da iluminação e da espiritualidade. Aqui você descobrirá que os fundamentos espiritualistas tão difundidos hoje na verdade foram ensinados por Buda Shakyamuni e fazem parte do budismo, tal como os *Oito Corretos Caminhos, as Seis Perfeições e a Lei de Causa e Efeito, o Vazio, o Carma, a Reencarnação, o Céu e o Inferno, a Prática Espiritual, a Meditação e a Iluminação*.

Estou bem!
7 passos para uma vida feliz
IRH Press do Brasil

Diferentemente dos textos de autoajuda escritos no Ocidente, este livro traz filosofias universais que irão atender às necessidades de qualquer pessoa. Um verdadeiro tesouro, repleto de reflexões que transcendem as diferenças culturais, geográficas, religiosas e raciais. É uma fonte de inspiração e transformação que dá, em linguagem simples, instruções concretas para uma vida feliz. Seguindo os passos deste livro, você poderá dizer "Estou bem!" com convicção e um sorriso amplo, onde quer que esteja e diante de qualquer circunstância que a vida lhe apresente.

As Leis Místicas
Transcendendo as Dimensões Espirituais
IRH Press do Brasil

A humanidade está entrando numa nova era de despertar espiritual graças a um grandioso plano, estabelecido há mais de 150 anos pelos espíritos superiores. Aqui são esclarecidas questões sobre espiritualidade, ocultismo, misticismo, hermetismo, possessões e fenômenos místicos, canalizações, comunicações espirituais e milagres que não foram ensinados nas escolas nem nas religiões. Você compreenderá o verdadeiro significado da vida na Terra, fortalecerá sua fé e religiosidade, despertando o poder de superar seus limites e até manifestar milagres por meio de fenômenos sobrenaturais.

As Leis do Futuro
Os Sinais da Nova Era
IRH Press do Brasil

O futuro está em suas mãos. O destino não é algo imutável, e pode ser alterado por seus pensamentos e suas escolhas. Em meio à diversidade cultural do mundo, qual cultura milenar poderá se tornar um alicerce para estabelecer os conceitos de educação, liderança e princípios sociais? Que tipo de espiritualidade devemos adotar para transformar a Terra num planeta de luz? Aqui estão as respostas: podemos encontrar o Caminho da Vitória usando a força do pensamento para obter sucesso na vida material e espiritual. Desânimo e fracasso são coisas que não existem de fato: são lições para o nosso aprimoramento nesta escola chamada Terra. Precisamos buscar novos desafios e encará-los de forma positiva para construir um futuro digno de seres em evolução. Ao ler este livro, a esperança renascerá em seu coração e você cruzará o portal para a nova era.

Outros Livros de Ryuho Okawa

A Última Mensagem de Nelson Mandela para o Mundo
Uma Conversa com Madiba Seis Horas Após Sua Morte
IRH Press do Brasil

A Série ENTREVISTAS ESPIRITUAIS apresenta mensagens recebidas de espíritos famosos e revolucionários da história da humanidade e de espíritos guardiões de pessoas ainda encarnadas que estão influenciando o mundo contemporâneo. Este livro traz o relato de Nelson Mandela (1918-2013), que veio até o mestre Okawa seis horas após seu falecimento e transmitiu sua última mensagem de amor e justiça para todos, antes de retornar ao Mundo Espiritual. Porém, a revelação mais surpreendente deste livro é que Mandela é um Grande Anjo de Luz, trazido a este mundo para promover a justiça divina.

As Leis da Perseverança
Como romper os dogmas da sociedade e superar as fases difíceis da vida
IRH Press do Brasil

Ao ler este livro, você compreenderá que pode mudar sua maneira de pensar e assim vencer os obstáculos que os dogmas e o senso comum da sociedade colocam em nosso caminho. Aqui, o mestre Ryuho Okawa compartilha ses segredos no uso da sabedoria da perseverança e do esforço para fortalecer sua mente, superar suas limitações e resistir ao longo do caminho que o conduzirá a uma vitória infalível.

As Leis do Sol
As Leis Espirituais e a História que Governam Passado, Presente e Futuro
Editora Best Seller

Neste livro poderoso, Ryuho Okawa revela a natureza transcendental da consciência e os segre-

Manifesto do Partido da Realização da Felicidade

dos do nosso universo multidimensional, bem como o lugar que ocupamos nele. Ao compreender as leis naturais que regem o universo, e desenvolver sabedoria através da reflexão com base nos Oito Corretos Caminhos ensinados no budismo, o autor tem como acelerar nosso eterno processo de desenvolvimento e ascensão espiritual.

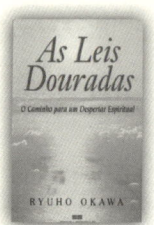

As Leis Douradas
O Caminho para um Despertar Espiritual
Editora Best Seller

Os Grandes Espíritos Guia de Luz têm sempre estado presentes na Terra em momentos cruciais, para cuidar do nosso desenvolvimento espiritual: Buda Shakyamuni, Jesus Cristo, Confúcio, Sócrates, Krishna e Maomé, entre outros. Este livro apresenta uma visão do Supremo Espírito que rege o Grupo Espiritual da Terra, El Cantare, revelando como o plano de Deus tem sido concretizado neste planeta ao longo do tempo. Depende de todos nós vencer o desafio, trabalhando juntos para ampliar a Luz.

As Leis da Eternidade
A Revelação dos Segredos das Dimensões Espirituais do Universo
Editora Cultrix

Cada uma de nossas vidas é parte de uma série de vidas cuja realidade se assenta no Outro Mundo espiritual. Neste livro esclarecedor, Ryuho Okawa revela os aspectos multidimensionais do Outro Mundo, descrevendo suas dimensões, características e as leis que o governam, e explica por que é essencial compreendermos a estrutura e a história do mundo espiritual, e com isso percebermos com clareza a razão de nossa vida – como parte da preparação para a Era Dourada que está por se iniciar.

Outros Livros de Ryuho Okawa

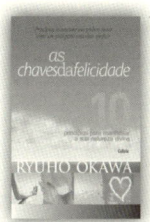

As Chaves da Felicidade
Os 10 Princípios para Manifestar a Sua Natureza Divina
Editora Cultrix

Os seres humanos estão sempre em busca da felicidade; no entanto, tornam-se cada vez mais infelizes por não conseguirem realizar seus desejos e ideais. Neste livro, o autor ensina os 10 princípios básicos da felicidade – Amor, Conhecimento, Reflexão, Mente, Iluminação, Desenvolvimento, Utopia, Salvação, Autorreflexão e Oração –, que podem servir de bússola para uma vida espiritual, permitindo que cada um de nós traga felicidade e crescimento espiritual para si mesmo e para todos à sua volta.

O Ponto de Partida da Felicidade
Um Guia Prático e Intuitivo para Descobrir o Amor, a Sabedoria e a Fé
Editora Cultrix

Como seres humanos, viemos a este mundo sem nada e sem nada o deixaremos. Entre o nascimento e a morte, a vida nos apresenta inúmeras oportunidades e desafios. Segundo o autor, podemos nos dedicar à aquisição de bens materiais ou procurar o verdadeiro caminho da felicidade – construído com o amor que dá, não com o que recebe, que acolhe a luz, não as trevas, emulando a vida das pessoas que viveram com integridade, sabedoria e coragem. Okawa nos mostra como alcançar a felicidade e ter uma vida plena de sentido.

Curando a Si Mesmo
A Verdadeira Relação entre Corpo e Espírito
IRH Press do Brasil

O autor revela as verdadeiras causas das doenças e os remédios para várias delas, que a medicina moderna ainda não consegue curar, oferecendo conselhos espirituais e de natureza prática. Ele mostra os segredos do funcionamento da alma e como o corpo humano está ligado ao plano espiritual.

Mensagens de Jesus Cristo
A Ressurreição do Amor
Editora Cultrix

Jesus Cristo tem transmitido diversas mensagens espirituais ao mestre Okawa, que vem escrevendo muitos livros de mensagens espirituais recebidas de seres elevados como Buda, Jesus, Moisés, Confúcio etc. O objetivo das mensagens é despertar a humanidade para uma nova era de espiritualidade.

Pensamento Vencedor
Estratégia para Transformar o Fracasso em Sucesso
Editora Cultrix

O pensamento vencedor baseia-se nos ensinamentos de reflexão e progresso necessários aos que desejam superar as dificuldades da vida e obter prosperidade. Ao estudar esta filosofia e usá-la como seu próprio poder, você será capaz de declarar que não existe derrota – só o sucesso.

As Leis da Felicidade
Os Quatro Princípios para uma Vida Bem-Sucedida
Editora Cultrix

O autor ensina que, se as pessoas conseguem dominar os Princípios da Felicidade – Amor, Conhecimento, Reflexão e Desenvolvimento –, elas podem fazer sua vida brilhar, tanto neste mundo como no outro, pois esses princípios são os que conduzem as pessoas à verdadeira felicidade.